대한민국 한자 자격 검정시험 대비를 위한

급수한자자격
기출예상문제집

8급

- 배정한자 훈음 + 배정한자 연습용 습자
- 한자에 훈음쓰기 + 한자쓰기
- 실전예상문제 5회분 + 기출문제 5회분

지능·신기교육

한자를 알면 미래가 보인다.

이 책은 社團法人 韓國民間資格協會
資格管理者인 한국서예한자자격협회 등이
시행하는 대한민국 한자자격검정시험을 위한
문제은행식 예상문제집으로 출간되었다.
이 책에 실린 문제는 실전문제를 수록하였을 뿐만
아니라 문제집 앞부분에 각 급수마다 배정한자의
훈음은 물론 전 단계 급수 배정한자의 훈음도 함께 실어
한자자격검정시험을 준비하는 수험생의
입장에서 편집하였다.
또한 매 급수마다 배정한자를 활용한 단어와 뜻을 국어 사전식으로
배열하여 어휘력 증진은 물론 자습서 역할도 할 수 있도록
세심한 배려를 하였다.
이와 같이 여러 가지 유형을 알고 읽고 쓸 줄 안다면
그야말로 해당 급수에서 진정한 실력으로
급수자격을 획득할 수 있으리라 확신하여
社團法人 韓國書藝漢字教育開發院과 한국서예한자자격
협회에서는 1년여의 출제기간을 거쳐
이 문제집을 藝文觀을 통하여
출간하게 되었다.

이 책의 특징

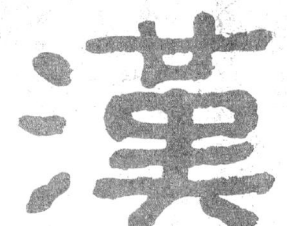

1. 앞 단계 배정한자를 포함한 급수별 배정한자의 훈음을 실었다.

2. 앞 단계 배정한자를 포함하여 문제를 출제하였다.

3. 배정한자의 쓰기본을 실어 누구나 쉽게 익힐 수 있도록 하였다.

4. 각 급수별 선정된 한자의 대표적 훈음을 동아 신활용옥편

   (동아출판사1995)을 참고하여 실어 수험생의 자습서 역할도

   할 수 있도록 하였다.

5. 각 급수별로 배정된 한자를 훈음 써보기 난과 훈음을

   한자로 바꿔 써보기 난을 두어 문제를 풀어보기 전에 배정한자의

   훈음을 익힐 수 있도록 하였다.

6. 급수별 배정한자를 활용한 단어와 뜻을 실어 어휘력 향상에도

   도움이 될 수 있도록 하였다.

7. 문제의 모범답안을 실어 스스로 실력을 점검해 볼

   수 있도록 하였다.

8. 단어를 펜글씨로 써보기 란을 두어 예쁜 글씨를 쓰면서

   단어를 익힐 수 있도록 하였다.

■ 출제기준표

문제 유형		급수별 분항 비율(%)							예 제
		7급	준6급	6급	준5급 5급	준4급 4급	준3급 3급	2급 1급	
읽기	한자어 독음 쓰기	25	10	20	20	20	20	10	孝道(효도)
	문장속 한자어 독음쓰기	*	5	10	10	10	10	10	孝道(효도)는 모든 행실의 근본이다.
	한자훈음쓰기	15	14	20	20	20	20	20	孝(효도효)
쓰기	낱말풀이보고 바꿔쓰기	*	2	5	5	5	5	5	효도:부모를 잘 섬기는 도리=(孝道)
	문장속 낱말 바꿔쓰기	*	5	10	10	10	10	20	효도(孝道)는 모든 행실의 근본이다.
	훈음에 맞는 한자쓰기	*	8	20	20	20	20	25	효도 효(孝)
기타	고사성어 및 사자성어	*	2	2	2	2	2	2	죽어서도 은혜를 갚는다는 뜻을 가진 고사성어는? (結草報恩) 혹은 뜻을 쓰기
	맞는 것 끼리 연결하기	10	*	*	*	*	*	*	서로 맞는 것 끼리 연결하시오.
	반의자 및 동의자	*	2	4	4	4	4	4	다음 한자의 반의자(동의자)를 쓰시오.
	한자어 뜻쓰기	*	1	4	4	4	4	4	孝道:(부모를 잘 섬기는 도리)
	사지선답형	*	*	3	3	3	3	*	다음 뜻이 다르게 쓰인 것은? ①音樂 ②樂器 ③農樂 ④娛樂
	부수 및 획수	*	1	2	2	2	2	2	다음 한자의 부수 및 총획수를 쓰시오.

※ 1. 7급. 준6급(50문항)을 제외한 각 급수별 공히 출제 문항수는 100문항
   2. 한자어 독음쓰기, 한자 훈음 쓰기, 훈음에 맞는 한자쓰기는 2급부터 1급은 1문제당 두 개씩 출제하며 하나만 맞을 경우 0.5점 처리
   3. 각 급수 공히 전단계 해당한자에서 40%, 현단계 해당한자에서 60% 출제함.

■ 각급수별 배정한자

급 수	급수별 배정한자수	비 고	급 수	급수별 배정한자수	비 고
8급	50	교육부 선정 상용한자	준3급	1,400	교육부 선정 상용한자
7급	100		3급	1,800	
6급	250		2급	2,400	
준5급	400		1급	3,500	학술연구 전문한자
5급	600		사범2급	4,000	
준4급	800		사범1급	5,000	
4급	1,000		▷사범 논술시험 100점 추가		

차 례

머리말 ·· 2

이 책의 특징 ·· 3

출제 기준표 ·· 4

차례 ·· 5

한자의 원리 ·· 6

필순과 부수 명칭 ·· 7

배정한자 훈음 ·· 8

습자본 ·· 11

한자와 훈음 쓰기 ·· 61

예상문제(5회) ·· 74

모범답안 ·· 84

한자의 원리

(1)한자의 원리

漢字는 모양(形, 형), 소리(音, 음), 뜻(義, 의)의 3요소로 이루어진 글자로서, 이들 3요소를 결합 원리로 삼고 있다. 이 원리를 육서(六書)라고 하며, 다음과 같이 분류한다.

1 사물의 모양을 본뜬 글자-상형자 (象形字)

처음 한자를 만들 때에는 사물의 모양을 그대로 본떠 글자를 만들었으나 차츰 간단하게 정리되었다. 대개 자연 현상, 인체, 동물과 식물 등을 뜻하는 한자들이 여기에 속한다.

예) ☼ → 日, ☽ → 月, ☂ → 雨

2 생각이나 뜻을 부호로 나타낸 글자-지사자 (指事字)

눈에 보이지 않는 사물의 수나 양, 위치 등을 추상적이고 상징적으로 나타낸 글자다. 물체의 모양으로는 구체적으로 나타낼 수 없는 대상을, 일정한 기준에 따라 선이나 점으로 나타낸다.

예) 上, 下, 中

3 뜻과 뜻을 합한 글자-회의자 (會意字)

이미 만들어진 둘 이상의 글자를 결합하는 방법으로, 그 글자들의 본래 뜻을 살려 새 뜻을 나타내고, 음은 그 글자들과 다른 새로운 음을 취한다.

예) 日 + 月 = 明, 亻 + 木 = 休, 木 + 木 = 林

4 뜻과 음을 합한 글자-형성자(形聲字)

두 글자 이상이 결합하는 것은 회의와 같으나, 한 글자에서는 뜻을, 다른 글자에서는 음을 따 하나의 한자를 만든다는 점에서 회의와 차이가 있다. 이 형성자는 그 수가 매우 많다.

예) 頭 = 豆(두) + 頁(머리), 校 = 木(목) + 交(사귀다)

5 다른 뜻으로 활용되는 글자-전주자 (轉注字)

한 글자의 뜻이 그 비슷한 뜻 안에서 바뀌어 사용되는 경우를 말한다. '樂'은 '음악'이란 뜻인데, 음악을 하면 즐겁고 좋으므로 '즐겁다, 좋다'라는 뜻으로도 쓰이는 것이 그 예이다.

예) 樂 (풍류악 → 즐거울락 → 좋아할요)

6 음이나 모양을 빌려쓰는 글자-가차자 (假借字)

이미 지니고 있는 의미와는 상관없이 그 글자의 음이나 모양을 빌려서 다른 사물을 나타내는 방법이다. 동물의 울음소리, 한자의 조사, 외래어 등을 표기할 때 쓰인다.

예)France(프랑스) → 佛蘭西, Asia(아시아) → 亞細亞

한자의 필순
(漢字를 써 가는 순서)

'필순(筆順)'이란 漢字를 쓸 때 글자가 형성되어 가는 순서를 말한다. 다시 말해 漢字를 써 가는 일정한 순서인데 이를 「획순」이라고도 한다.
정확한 필순에 의해 써 가면 漢字 쓰기가 쉽고, 글자의 모양이 갖추어지며, 비교적 빨리 쓰는데 필요하다. 필순에는 글자의 모양에 따라서 다소 차이가 있지만 대체적으로 다음과 같은 원칙들이 있다.

필순의 2대원칙(二大原則)

(1) 위에서 아래로   (2) 왼쪽에서 오른쪽으로

다음 9가지의 필순의 내용을 살펴보고 바르게 익혀 써보도록 하자.

(1) 위에서 아래로 쓴다.	⇨ 三
(2) 왼쪽에서 오른쪽으로 쓴다.	⇨ 川
(3) 가로 획을 먼저 쓴다.	⇨ 十
(4) 가운데를 먼저 쓴다.	⇨ 小
(5) 바깥을 먼저 쓴다.	⇨ 火
(6) 꿰뚫은 획은 나중에 쓴다.	⇨ 中
(7) 삐침을 먼저 쓴다.	⇨ 九
(8) 오른쪽 위에 있는 점은 나중에 쓴다.	⇨ 犬
(9) 받침이 ㉠ 독립자일 때는 먼저 　　　　㉡ 독립자가 아닐때는 맨 나중에 쓴다.	⇨ 起 ⇨ 近

8급 배정한자(50자)

숫자 · 대소	요일 · 자연	인체 · 부모	어류 · 동식물	기타
1 一 한 일	13 日 날 일	25 人 사람 인	37 魚 고기 어	49 立 설 립
2 二 두 이	14 月 달 월	26 口 입 구	38 貝 조개 패	50 行 다닐 행
3 三 석 삼	15 火 불 화	27 耳 귀 이	39 犬 개 견	
4 四 넉 사	16 水 물 수	28 目 눈 목	40 馬 말 마	
5 五 다섯 오	17 木 나무 목	29 舌 혀 설	41 牛 소 우	
6 六 여섯 륙	18 金 쇠 금	30 心 마음 심	42 羊 양 양	
7 七 일곱 칠	19 土 흙 토	31 手 손 수	43 乙 새 을	
8 八 여덟 팔	20 田 밭 전	32 足 발 족	44 毛 털 모	
9 九 아홉 구	21 山 뫼 산	33 子 아들 자	45 白 흰 백	
10 十 열 십	22 谷 골 곡	34 女 계집 녀	46 米 쌀 미	
11 大 큰 대	23 江 강 강	35 父 아버지 부	47 竹 대 죽	
12 小 작을 소	24 川 내 천	36 母 어머니 모	48 禾 벼 화	

■ 8급 한자훈음(50자)

ㄱ
江 강 강
犬 개 견
高 높을 고
谷 골 곡
口 입 구
九 아홉 구
金 쇠 금
己 몸 기

ㄴ
女 계집 녀

ㄷ
大 큰 대

ㄹ
力 힘 력

六 여섯 류(육)

ㅁ
馬 말 마
毛 털 모
目 눈 목
木 나무 목
門 문 문

ㅂ
父 아버지 부

ㅅ
四 넉 사
山 뫼(메) 산
三 석 삼
石 돌 석
舌 혀 설
小 작을 소

手 손 수
水 물 수
心 마음 심
十 열 십

ㅇ
羊 양 양
魚 물고기 어
五 다섯 오
雨 비 우
月 달 월
衣 옷 의
耳 귀 이
二 두 이
人 사람 인
日 날 일
一 하나 일
入 들 입

ㅈ
子 아들 자
田 밭 전
鳥 새 조
足 발 족

ㅊ
川 내 천
七 일곱 칠

ㅌ
土 흙 토

ㅍ
八 여덟 팔
貝 조개 패

ㅎ
火 불 화

8급 급수한자

성명　　　　　　　　200 년 월 일　　검

| 상형문자에서 발달순으로 |
| 상형➡갑골문/금문➡전서 |

숫자 하나를 나타냄 (1)

	필순 一		
一 한 일			

인사는 정중하게　▶ 글씨는 정자로 바르게 씁시다.

8급 급수한자

성 명　　　　　　　200 년 월 일　　㉠

상형문자에서 발달순으로
상형 ➡ 갑골문/금문 ➡ 전서

숫자 둘을 나타냄 (2)

필 순　一 二

二
두 이

인사는 정중하게　▶　글씨는 정자로 바르게 씁시다.

8급 급수한자

성명　　　　　　200 년　월　일　　㉠

상형문자에서 발달순으로
상형 ➡ 갑골문/금문 ➡ 전서

숫자 셋을 나타냄 (3)

필순	一	二	三
三			
석 삼			

인사는 정중하게　▶　글씨는 정자로 바르게 씁시다.

8급 급수한자

성 명　　　　　　　200 년　월　일　　㉠

| 상형문자에서 발달순으로 상형➡갑골문/금문➡전서 | |

숫자 넷을 나타냄 (4)

필순 ｜ 冂 冂 四 四

四

넉 사

인사는 정중하게　▶ 글씨는 정자로 바르게 씁시다.

8급 급수한자

성명　　　　　　200 년　월　일　㉠

상형문자에서 발달순으로
상형 ➡ 갑골문/금문 ➡ 전서

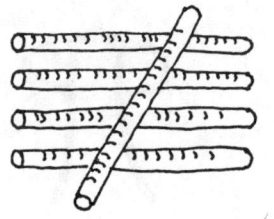 ⇨  ⇨

숫자 다섯을 나타냄 (5)

필순　一　丁　五　五

五				
다섯 오				

인사는 정중하게 ▶ 글씨는 정자로 바르게 씁시다.

8급 급수한자

성 명　　　　　　　　　200 년 월 일　　　검

상형문자에서 발달순으로
상형➡갑골문/금문➡전서

 ⇨  ⇨

숫자 여섯을 나타냄 (6)

	필순 ㅗ 亠 六 六		
六			
여섯 륙			

인사는 정중하게 ▶ 글씨는 정자로 바르게 씁시다.

8급 급수한자

성 명　　　　　200 년 월 일　　㉘

상형문자에서 발달순으로
상형➡갑골문/금문➡전서

숫자 일곱을 나타냄 (7)

필순　一七			
七			
일곱 칠			

인사는 정중하게 ▶ 글씨는 정자로 바르게 씁시다.

8급 급수한자

성 명　　　　　　200 년 월 일　　㉖

상형문자에서 발달순으로
상형➡갑골문/금문➡전서

숫자 여덟을 나타냄 (8)

필순　ノ 八

八

여덟 팔

인사는 정중하게　▶　글씨는 정자로 바르게 씁시다.

8급 급수한자

성 명　　　　　　　　200 년 월 일　　　㉓

상형문자에서 발달순으로
상형➡갑골문/금문➡전서

 ⇒  ⇒

숫자 아홉을 나타냄 (9)

	필순	ノ 九	
九			
아홉 구			

인사는 정중하게　▶ 글씨는 정자로 바르게 씁시다.

8급 급수한자

성 명   200 년 월 일   ㉠

상형문자에서 발달순으로
상형 ➡ 갑골문/금문 ➡ 전서

| ⇨ | ⇨ 十 |

숫자 열을 나타냄 (10)

| 필 순 一 十 |

十

열 십

인사는 정중하게 ▶ 글씨는 정자로 바르게 씁시다

8급 급수한자

성 명　　　　　　200 년 월 일　　㈜

| 상형문자에서 발달순으로
상형➡갑골문/금문➡전서 | |

 ⇒  ⇒

크다는 뜻으로 쓰임

	필순　一 ナ 大		
大 큰 대			

인사는 정중하게　▶　글씨는 정자로 바르게 씁시다.

8급 급수한자

성 명　　　　　200 년 월 일　　㉠

상형문자에서 발달순으로
상형 ➡ 갑골문/금문 ➡ 전서

⦿ ⦿ ⦿ ➡ 小 ➡ 川

작다는 뜻으로 쓰임

필순　亅 亅 小

小
작을 소

인사는 정중하게　▶　글씨는 정자로 바르게 씁시다.

8급 급수한자

성명　　　　　200 년　월　일　㊡

| 상형문자에서 발달순으로
상형➡갑골문/금문➡전서 | |

 ⇨  ⇨

하늘에 해를 나타내는 글자(하루또는 일요일로도 쓰임)

	필순 ㅣ 冂 日 日			
日				
날 일				

인사는 정중하게 ▶ 글씨는 정자로 바르게 씁시다.

8급 급수한자

성명　　　　　　　200 년 월 일　　㉠

| 상형문자에서 발달순으로
상형➡갑골문/금문➡전서 | |

 ⇨  ⇨

하늘에 달을 나타내는 글자(한달또는 월요일로도 쓰임)

	필순　丿　刀　月　月			
月 달 월				

인사는 정중하게　▶　글씨는 정자로 바르게 씁시다.

8급 급수한자

성명　　　　　　200 년 월 일　　㊝

상형문자에서 발달순으로
상형 ➡ 갑골문/금문 ➡ 전서

 ⇒ 火 ⇒ 火

불꽃모양의 글자 (화요일로도 쓰임)

필순 ＼ ＼＼ 少 火

火				
불 화				

인사는 정중하게 ▶ 글씨는 정자로 바르게 씁시다.

8급 급수한자

성명   200 년   월   일   검

상형문자에서 발달순으로
상형 ➡ 갑골문/금문 ➡ 전서

 ⇨  ⇨

물을 나타내는 글자 (수요일로도 쓰임)

	필순 亅 亅 氵 水

水				
물 수				

인사는 정중하게 ▶ 글씨는 정자로 바르게 씁시다.

8급 급수한자

성 명　　　　　　　200 년 월 일　㉠

상형문자에서 발달순으로 상형➡갑골문/금문➡전서	
 ➡  ➡ 	
나무를 나타내는 글자 (목요일로도 쓰임)	

	필순　十　才　木		
木 나무 목			

인사는 정중하게　▶　글씨는 정자로 바르게 씁시다.

8급 급수한자

성 명   200 년 월 일   ㉠

상형문자에서 발달순으로
상형 ➡ 갑골문/금문 ➡ 전서

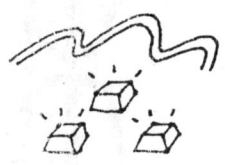 ⇨

단단한 쇠를 나타냄 (성김 또는 금요일로도 쓰임)

필순 ノ 人 人 仝 仝 余 金 金			
金 쇠 금			

인사는 정중하게 ▶ 글씨는 정자로 바르게 씁시다.

8급 급수한자

성명　　　　　　　200 년　월　일　　㉘

상형문자에서 발달순으로
상형 ➡ 갑골문/금문 ➡ 전서

땅위에 흙을 나타냄 (토요일로도 쓰임)

필순　一 十 土

土

흙 토

인사는 정중하게　▶ 글씨는 정자로 바르게 씁시다.

8급 급수한자

성명　　　　　200 년 월 일　　㊞

상형문자에서 발달순으로
상형➡갑골문/금문➡전서

농사짓는 밭의 모양으로 만든 글자

필순 丨 冂 田 田 田

田
밭 전

인사는 정중하게 ▶ 글씨는 정자로 바르게 씁시다.

8급 급수한자

성 명   200 년 월 일   (검)

상형문자에서 발달순으로
상형➡갑골문/금문➡전서

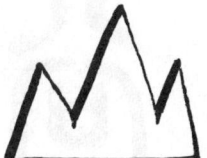 ➡  ➡

산의 모양을 본떠 만든 글자

필순	丨	山	山
山			
뫼 산			

인사는 정중하게 ▶ 글씨는 정자로 바르게 씁시다.

8급 급수한자

성 명　　　　　　　200 년 월 일　　　검

상형문자에서 발달순으로
상형 ➡ 갑골문/금문 ➡ 전서

 ⇒ 谷 ⇒

산에 골짜기를 나타내는 글자

필순 ノ 八 𠆢 𠆢 𠆢 𠆢 谷 谷

谷				
골 곡				

인사는 정중하게 ▶ 글씨는 정자로 바르게 씁시다.

8급 급수한자

성명   200 년 월 일   검

상형문자에서 발달순으로
상형 ➡ 갑골문/금문 ➡ 전서

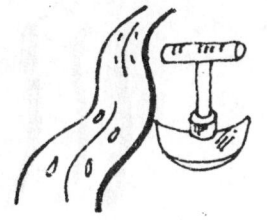 ⇨  ⇨ 江

큰 강을 의미하여 만든글자 장강(長江)

필순 ` ` ` 氵 氵 江 江			
江			
강 강			

인사는 정중하게 ▶ 글씨는 정자로 바르게 씁시다.

8급 급수한자

성명   200 년 월 일   검

상형문자에서 발달순으로
상형 ➡ 갑골문/금문 ➡ 전서

 ⇨  ⇨ 川

하천이 구불구불하게 흘러가는 모양을 본뜬 글자

필순 丿 刂 川			
川 내 천			

▶ 인사는 정중하게 ▶ 글씨는 정자로 바르게 씁시다.

8급 급수한자

성 명　　　　　　　200 년 월 일　　㊞

상형문자에서 발달순으로
상형➡갑골문/금문➡전서

 ⇨  ⇨

사람의 모양을 보고 만든 글자

	필순 ノ 人		
人			
사람 인			

인사는 정중하게 ▶ 글씨는 정자로 바르게 씁시다.

8급 급수한자

성 명   200 년 월 일   ㉖

상형문자에서 발달순으로
상형➡갑골문/금문➡전서

사람의 입모양을 보고 만든 글자

	필순 ㅣ ㄇ 口		
口 입 구			

인사는 정중하게 ▶ 글씨는 정자로 바르게 씁시다.

8급 급수한자

성명　　　　　　200 년　월　일　　㉠

| 상형문자에서 발달순으로
상형➡갑골문/금문➡전서 | |

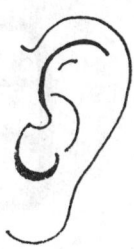 ⇨  ⇨

사람의 귀모양을 보고 만든 글자

	필순 一 丆 丅 F 匞 耳			
耳 귀 이				

인사는 정중하게　▶　글씨는 정자로 바르게 씁시다.

8급 급수한자

성 명   200 년 월 일   ㉠

상형문자에서 발달순으로
상형➡갑골문/금문➡전서

 ⇨  ⇨

사람의 눈모양으로 만든 글자

필순	丨	冂	冃	目	目

目 눈 목				

인사는 정중하게 ▶ 글씨는 정자로 바르게 씁시다.

8급 급수한자

성 명　　　　　200 년　월　일　㉘

상형문자에서 발달순으로
상형➡갑골문/금문➡전서

 ⇨  ⇨ 舌

사람의 혀모양을 본떠 만든글자

	필순 ノ 二 千 千 千 舌 舌		
舌 혀 설			

인사는 정중하게　▶ 글씨는 정자로 바르게 씁시다.

8급 급수한자

성명　　　　　　　200 년 월 일　　㊓

상형문자에서 발달순으로
상형 ➡ 갑골문/금문 ➡ 전서

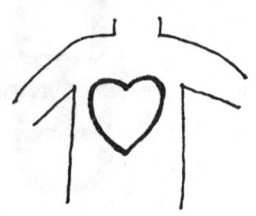 ➡  ➡

심장을 본떠 만든 글자

	필순 ㇂ 丿 心 心
心	
마음 심	

인사는 정중하게 ▶ 글씨는 정자로 바르게 씁시다.

8급 급수한자

성 명　　　　　　200 년 월 일　　　㉰

상형문자에서 발달순으로
상형➡갑골문/금문➡전서

⇨ 𐃘 ⇨ 푸

-글자

필순 一 二 三 手

인사는 정중하게 ▶ 글씨는 정자로 바르게 씁시다.

8급 급수한자

성명　　　　　　200 년 월 일　　㊜

상형문자에서 발달순으로
상형➡갑골문/금문➡전서

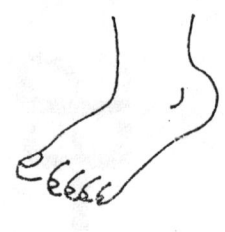 ⇨  ⇨

발의 모양으로 만든 글자

| 필순 | 丨 | 口 | 口 | 무 | 무 | 足 |

足

발 족

인사는 정중하게　▶ 글씨는 정자로 바르게 씁시다.

8급 급수한자

성 명　　　　　　　200 년　월　일　㊜

상형문자에서 발달순으로
상형➡갑골문/금문➡전서

 ⇨ 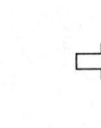 ⇨

아기의 모양으로 만든 글자

필순	｀	了	子
子			
아들 자			

인사는 정중하게　▶　글씨는 정자로 바르게 씁시다.

8급 급수한자

성명　　　　　　200 년 월 일　　검

상형문자에서 발달순으로
상형➡갑골문/금문➡전서

 ⇒  ⇒

여자가 앉아 있는 모습으로 만든 글자

필순 ㄑ 女 女			
女			
계집 녀			

인사는 정중하게　▶ 글씨는 정자로 바르게 씁시다.

8급 급수한자

성 명   200 년 월 일   ㉖

상형문자에서 발달순으로 상형➡갑골문/금문➡전서	

 ⇨  ⇨

한손에 돌도끼를 잡고 있는 모습, 일하는 남자모습으로 만든 글자

	필순 ノ ソ 父		
父			
아버지 부			

인사는 정중하게 ▶ 글씨는 정자로 바르게 씁시다.

8급 급수한자

성 명　　　　　　　　200 년 월 일　　㉢

상형문자에서 발달순으로
상형 ➡ 갑골문/금문 ➡ 전서

 ➡  ➡

아기에게 젓을먹이는 어머니의 상징으로 만든 글자

| 필순 | ㄴ | 뮤 | 뮤 | 母 | 母 |

母				
어머니 모				

인사는 정중하게 ▶ 글씨는 정자로 바르게 씁시다.

8급 급수한자

성 명　　　　　　　　200 년 월 일　　　㉠

상형문자에서 발달순으로
상형 ➡ 갑골문/금문 ➡ 전서

 ⇨  ⇨

물고기의 모양으로 만든 글자

필순	ノ ⺈ ⺈ 伀 刍 刍 缶 魚 魚 魚 魚		
魚 고기 어			

인사는 정중하게　▶　글씨는 정자로 바르게 씁시다.

8급 급수한자

성명   200 년 월 일   ㉠

상형문자에서 발달순으로
상형➡갑골문/금문➡전서

 ⇨  ⇨

나조개 껍질모양으로 만든 글자. 재물 돈에 관계되는 글자

필순	丨	冂	冂	月	目	貝	貝

貝				
조개 패				

인사는 정중하게 ▶ 글씨는 정자로 바르게 씁시다.

8급 급수한자

성명　　　　　　200 년　월　일　㉠

상형문자에서 발달순으로
상형 ➡ 갑골문/금문 ➡ 전서

 ➡ 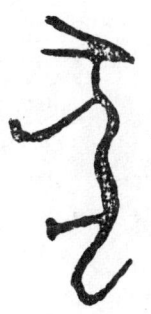 ➡

위로 꼬리를 감아올린 개의 모습으로 만든 글자

필순 一 ナ 大 犬			
犬 개 견			

인사는 정중하게　▶ 글씨는 정자로 바르게 씁시다.

8급 급수한자

성 명　　　　　　200 년 월 일　　　검

상형문자에서 발달순으로
상형➡갑골문/금문➡전서

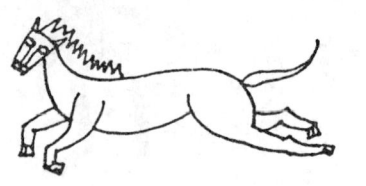 ⇨  ⇨

달리는 말의 형상을 만든 글자

필순 一 厂 厂 F 厍 馬 馬 馬 馬			
馬　말 마			

인사는 정중하게　▶　글씨는 정자로 바르게 씁시다.

8급 급수한자

성명   200 년 월 일   검

상형문자에서 발달순으로
상형➡갑골문/금문➡전서

 ⇨  ⇨ 牜

소의 머리모양으로 만든 글자

필순	ノ	ㄧ	二	牛
牛 소 우				

인사는 정중하게 ▶ 글씨는 정자로 바르게 씁시다.

8급 급수한자

성 명　　　　　　200 년 월 일　　㉖

상형문자에서 발달순으로
상형➡갑골문/금문➡전서

 ➡  ➡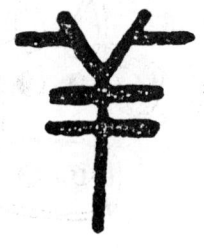

양의 머리모양으로 만든 글자

필순	`	``	뜨	쓰	羊
羊					
양 양					

인사는 정중하게　▶ 글씨는 정자로 바르게 씁시다.

8급 급수한자

성명   200 년 월 일   ㉠

상형문자에서 발달순으로
상형➡갑골문/금문➡전서

새가 앉아있는 모습으로 만든 글자

	필순 乙			
乙				
새 을				

인사는 정중하게 ▶ 글씨는 정자로 바르게 씁시다.

8급 급수한자

성명　　　　　　　　200 년　월　일　　㈜

상형문자에서 발달순으로
상형➡갑골문/금문➡전서

새의 깃털모양으로 만든 글자

필순	㇐	二	三	毛
毛 털 모				

인사는 정중하게 ▶ 글씨는 정자로 바르게 씁시다.

8급 급수한자

성명　　　　　　200 년　월　일　　㉘

상형문자에서 발달순으로
상형 ➡ 갑골문/금문 ➡ 전서

 ⇨  ⇨

촛불 모양으로 만든 글자

필순　ˊ　ｌ′　白　白　白

白				
흰 백				

인사는 정중하게 ▶ 글씨는 정자로 바르게 씁시다.

8급 급수한자

성명　　　　　200 년　월　일　　㉠

상형문자에서 발달순으로
상형 ➡ 갑골문/금문 ➡ 전서

 ➡ 米 ➡ 米

흩어져 있는 쌀알의 모양으로 만든 글자

필순	、	ソ	二	半	米	米
米 쌀 미						

인사는 정중하게 ▶ 글씨는 정자로 바르게 씁시다.

8급 급수한자

성명　　　　　　　　200 년　월　일　　㉦

상형문자에서 발달순으로
상형 ➡ 갑골문/금문 ➡ 전서

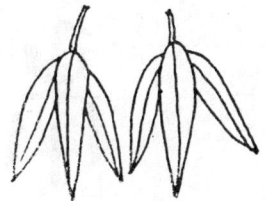 ⇨  ⇨

대나무 잎모양으로 만든 글자

필순　′　⺀　ᅡ　ᅥ　ᅣ　竹

竹

대 죽

인사는 정중하게　▶　글씨는 정자로 바르게 씁시다.

8급 급수한자

성명   200 년   월 일   검

상형문자에서 발달순으로
상형 ➡ 갑골문/금문 ➡ 전서

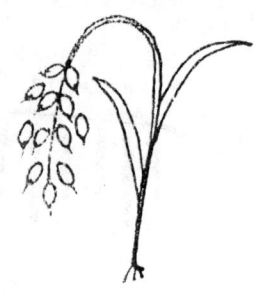 ➡  ➡

잘익은 벼이삭의 모양으로 만든 글자

필순 一 二 千 禾 禾			
禾 벼 화			

인사는 정중하게 ▶ 글씨는 정자로 바르게 씁시다.

8급 급수한자

성명　　　　　200　년　월　일　㊛

상형문자에서 발달순으로 상형➡갑골문/금문➡전서	

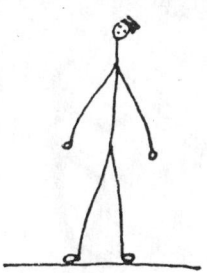  

사람의 땅위에 서있는 모양을 보고 만든 글자

필순	` 亠 立 立 立

立 설 립				

인사는 정중하게　▶　글쎄는 정자로 바르게 씁시다.

8급 급수한자

성명　　　　　　　　200 년 월 일　　㈜

상형문자에서 발달순으로
상형➡갑골문/금문➡전서

십자로 길모양으로 만든 글자(길에 사람이 다니는 현상)

필순 ′ ⁾ 彳 彳 彳 行			
行			
다닐 행			

인사는 정중하게　▶　글씨는 정자로 바르게 씁시다.

■ 다음 단어의 훈음(뜻과 소리)을 써봅시다.

一 : 한 일	二 : 두 이
三 : 석 삼	四 : 넉 사
五 : 다섯 오	六 : 여섯 륙
七 : 일곱 칠	八 : 여덟 팔
九 : 아홉 구	十 : 열 십

■ 다음 단어의 훈음(뜻과 소리)을 써봅시다.

大 : 큰 대	小 : 작을 소
日 : 날 일	月 : 달 월
火 : 불 화	水 : 물 수
木 : 나무 목	金 : 쇠 금
土 : 흙 토	田 : 밭 전

■ 다음 단어의 훈음(뜻과 소리)을 써봅시다.

山 : 뫼 산	谷 : 골 곡
江 : 강 강	川 : 내 천
人 : 사람 인	口 : 입 구
耳 : 귀 이	目 : 눈 목
舌 : 혀 설	心 : 마음 심

■ 다음 단어의 훈음(뜻과 소리)을 써봅시다.

手 : 손 수	足 : 발 족
子 : 아들 자	女 : 계집 녀
父 : 아버지 부	母 : 어머니 모
魚 : 고기 어	貝 : 조개 패
犬 : 개 견	馬 : 말 마

■ 다음 단어의 훈음(뜻과 소리)을 써봅시다.

手 : 소 우	羊 : 양 양
乙 : 새 을	毛 : 털 모
白 : 흰 백	米 : 쌀 미
竹 : 대 죽	禾 : 벼 화
立 : 설 립	行 : 다닐 행

■ 다음 단어의 독음을 ( )안에 쓰고 아래 빈칸에도 써봅시다.

본보기 : 一心 (일 심)

一日 ( )	九牛一毛 ( )
( )	( )
一心 ( )	大小 ( )
( )	( )
一金 ( )	大人 ( )
( )	( )
三三五五 ( )	大魚 ( )
( )	( )
五目 ( )	小心 ( )
( )	( )
六二五 ( )	小子 ( )
( )	( )

* 九牛一毛:많은 것 가운데 가장적은 것의 비유 * 三三五五: 여럿시 무리지어 다니거나 무슨일을 하는 모양

■ 다음 단어의 독음을 (　) 안에 쓰고 다음 빈칸에도 써봅시다.

본보기 : 일심 (一 心)

일일 (	)	구우일모 (	)
(	)	(	)
일심 (	)	대소 (	)
(	)	(	)
일금 (	)	대인 (	)
(	)	(	)
삼삼오오 (	)	대어 (	)
(	)	(	)
오목 (	)	소심 (	)
(	)	(	)
육이오 (	)	소자 (	)
(	)	(	)

■ 다음 단어의 독음을 ( )안에 쓰고 다음 아래에도 써봅시다.

본보기 : 一心 (일 심)

日月 ( )	山羊 ( )
( )	( )
火山 ( )	山川 ( )
( )	( )
火田 ( )	谷口 ( )
( )	( )
土木 ( )	江山 ( )
( )	( )
山水 ( )	人馬 ( )
( )	( )
山行 ( )	人心 ( )
( )	( )

■ 다음 단어의 독음을 ( )안에 쓰고 다음 빈칸에도 써봅시다.

본보기 : 일심 (一 心)

일월 ( )	산양 ( )
( )	( )
화산 ( )	산천 ( )
( )	( )
화전 ( )	곡구 ( )
( )	( )
토목 ( )	강산 ( )
( )	( )
산수 ( )	인마 ( )
( )	( )
산행 ( )	인심 ( )
( )	( )

■ 다음 단어의 독음을 ( )안에 쓰고 아래 빈칸에도 써봅시다.

본보기 : 一心 (일 심)

耳目 ( )	父母 ( )
( )	( )
手足 ( )	父子 ( )
( )	( )
子女 ( )	父女 ( )
( )	( )
女大 ( )	母子 ( )
( )	( )
女子 ( )	魚貝 ( )
( )	( )
女人 ( )	犬馬 ( )
( )	( )

■ 다음 단어의 독음을 (　) 안에 쓰고 다음 빈칸에도 써봅시다.

본보기 : 일심 (一 心)

이목 (　　)	부모 (　　)
(　　)	(　　)
수족 (　　)	부자 (　　)
(　　)	(　　)
자녀 (　　)	부녀 (　　)
(　　)	(　　)
여대 (　　)	모자 (　　)
(　　)	(　　)
여자 (　　)	어패 (　　)
(　　)	(　　)
여인 (　　)	견마 (　　)
(　　)	(　　)

■ 다음 단어의 독음을 ( )안에 쓰고 아래 빈칸에도 써봅시다.

본보기 : 一心 (일 심)

牛馬 ( )	立心 ( )
( )	( )
牛耳 ( )	立木 ( )
( )	( )
羊毛 ( )	行人 ( )
( )	( )
白米 ( )	
( )	
竹馬 ( )	
( )	
竹田 ( )	
( )	

■ 다음 단어의 독음을 ( )안에 쓰고 다음 빈칸에도 써봅시다.

본보기 : 일심 (一 心)

우마 ( )	입심 ( )
( )	( )
우이 ( )	입목 ( )
( )	( )
양모 ( )	행인 ( )
( )	( )
백미 ( )	
( )	
죽마 ( )	
( )	
죽전 ( )	
( )	

8급 예 상 문 제 1회

대한민국한자자격검정시험   성명 (   )   점수   점

가. 다음 한자와 그림이 맞는 것 끼리 줄로 이으세요.

1) 大 ·   · ①
2) 六 ·   · ②
3) 一 ·   · ③
4) 口 ·   · ④
5) 水 ·   · ⑤
6) 山 ·   · ⑥
7) 母 ·   · ⑦
8) 米 ·   · ⑧
9) 牛 ·   · ⑨
10) 手 ·   · ⑩

나. 다음 한자에 뜻(훈)과 소리(음)을 쓰세요.

본보기 : 一 (한 일)

11) 六   (   )
12) 毛   (   )
13) 手   (   )
14) 金   (   )
15) 五   (   )
16) 乙   (   )
17) 心   (   )
18) 木   (   )
19) 四   (   )
20) 羊   (   )
21 舌   (   )
22 水   (   )
23 三   (   )
24 牛   (   )
25 目   (   )

대한민국한자자격검정시험 **8급 예상문제 1회**

다. 다음 한자어의 독음을 쓰시오.

본보기 : 一 二 (일이)

26) 山川 (　　　　)

27) 手足 (　　　　)

28) 父母 (　　　　)

29) 二日 (　　　　)

30) 小心 (　　　　)

31) 牛耳 (　　　　)

32) 魚貝 (　　　　)

33) 父女 (　　　　)

34) 牛馬 (　　　　)

35) 大人 (　　　　)

36) 大魚 (　　　　)

37) 女子 (　　　　)

38) 火田 (　　　　)

39) 一金 (　　　　)

40) 五目 (　　　　)

41) 一心 (　　　　)

42) 山羊 (　　　　)

43) 日月 (　　　　)

44) 土木 (　　　　)

45) 行人 (　　　　)

46) 人心 (　　　　)

47) 子女 (　　　　)

48) 立木 (　　　　)

49) 羊毛 (　　　　)

50) 小子 (　　　　)

8급 예상문제 2회

대한민국한자자격검정시험　성명 (　　　　　)　　점수　　　점

가. 다음 한자와 그림이 맞는 것 끼리 줄로 이으세요.

나. 다음 한자에 뜻(훈)과 소리(음)을 쓰세요.

| 본보기 : 一 (한 일) |

1) 谷 ·　　·①　

11) 火　(　　　　　)

2) 木 ·　　·②

12) 二　(　　　　　)

13) 馬　(　　　　　)

3) 二 ·　　·③　

14) 耳　(　　　　　)

15) 月　(　　　　　)

4) 七 ·　　·④

16) 一　(　　　　　)

5) 小 ·　　·⑤　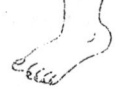

17) 犬　(　　　　　)

18) 口　(　　　　　)

6) 魚 ·　　·⑥　

19) 貝　(　　　　　)

7) 乙 ·　　·⑦

20) 立　(　　　　　)

21) 行　(　　　　　)

8) 耳 ·　　·⑧　

22) 魚　(　　　　　)

9) 竹 ·　　·⑨　

23) 日　(　　　　　)

24) 人　(　　　　　)

10) 足 ·　　·⑩

25) 禾　(　　　　　)

대한민국한자자격검정시험 **8급 예 상 문 제 2회**

다. 다음 한자어의 독음을 쓰시오.

본보기 : 一 二(일이)

26) 山羊 (   )

27) 父母 (   )

28) 六七 (   )

29) 日月 (   )

30) 五目 (   )

31) 小心 (   )

32) 山田 (   )

33) 牛耳 (   )

34) 羊毛 (   )

35) 一金 (   )

36) 火田 (   )

37) 竹馬 (   )

38) 白米 (   )

39) 九日 (   )

40) 手足 (   )

41) 山川 (   )

42) 一心 (   )

43) 父母 (   )

44) 大馬 (   )

45) 行人 (   )

46) 魚貝 (   )

47) 四五 (   )

48) 江山 (   )

49) 母女 (   )

50) 行人 (   )

8급 예상 문제 3회

대한민국한자자격검정시험   성명 (   )   점수   점

가. 다음 한자와 그림이 맞는 것 끼리 줄로 이으세요.

1) 八 ·   · ①
2) 三 ·   · ②
3) 金 ·   · ③
4) 江 ·   · ④
5) 目 ·   · ⑤
6) 日 ·   · ⑥
7) 羊 ·   · ⑦
8) 子 ·   · ⑧
9) 行 ·   · ⑨
10) 貝 ·   · ⑩

나. 다음 한자에 뜻(훈)과 소리(음)을 쓰세요.

본보기 : 一 (한 일)

11) 立   (   )
12) 貝   (   )
13) 耳   (   )
14) 水   (   )
15) 五   (   )
16) 犬   (   )
17) 目   (   )
18) 木   (   )
19) 八   (   )
20) 馬   (   )
21) 舌   (   )
22) 金   (   )
23) 七   (   )
24) 牛   (   )
25) 心   (   )

대한민국한자자격검정시험 **8급 예상문제 3회**

다. 다음 한자어의 독음을 쓰시오.
본보기 : 一 二 (일이)

26) 手足 (   )

27) 火口 (   )

28) 大人 (   )

29) 竹石 (   )

30) 父母 (   )

31) 立木 (   )

32) 江山 (   )

33) 魚貝 (   )

34) 母子 (   )

35) 行人 (   )

36) 火金 (   )

37) 牛馬 (   )

38) 土木 (   )

39) 父母 (   )

40) 子女 (   )

41) 立心 (   )

42) 小子 (   )

43) 竹馬 (   )

44) 女大 (   )

45) 白米 (   )

46) 羊毛 (   )

47) 大魚 (   )

48) 女人 (   )

49) 六二五 (   )

50) 三三五五 (   )

8급 예상문제 4회

대한민국한자자격검정시험   성명 (   )   점수   점

가. 다음 한자와 그림이 맞는 것 끼리 줄로 이으세요.

1) 九 ·   · ①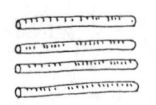

2) 土 ·   · ②

3) 川 ·   · ③

4) 四 ·   · ④

5) 月 ·   · ⑤

6) 舌 ·   · ⑥

7) 毛 ·   · ⑦

8) 母 ·   · ⑧

9) 禾 ·   · ⑨

10) 犬 ·   · ⑩

나. 다음 한자에 뜻(훈)과 소리(음)을 쓰세요.

| 본보기 : 一 (한 일) |

11) 禾   (   )

12) 父   (   )

13) 谷   (   )

14) 九   (   )

15) 竹   (   )

16) 女   (   )

17) 山   (   )

18) 八   (   )

19) 米   (   )

20) 子   (   )

21 田   (   )

22 七   (   )

23 白   (   )

24 足   (   )

25 土   (   )

대한민국한자자격검정시험 8급 예상문제 4회

다. 다음 한자어의 독음을 쓰시오.

본보기 : 一 二 (일이)

26) 土木 (　　　　)

27) 女大 (　　　　)

28) 小心 (　　　　)

29) 父母 (　　　　)

30) 耳目 (　　　　)

31) 大魚 (　　　　)

32) 火山 (　　　　)

33) 山田 (　　　　)

34) 山行 (　　　　)

35) 谷口 (　　　　)

36) 人馬 (　　　　)

37) 一心 (　　　　)

38) 大人 (　　　　)

39) 犬馬 (　　　　)

40) 山水 (　　　　)

41) 行人 (　　　　)

42) 三日 (　　　　)

43) 火木 (　　　　)

44) 大小 (　　　　)

45) 石手 (　　　　)

46) 山水 (　　　　)

47) 父子 (　　　　)

48) 木石 (　　　　)

49) 四一九 (　　　　)

50) 九牛一毛 (　　　　)

8급 예상문제 5회

대한민국한자자격검정시험　성명 (　　　)　　점수　　　점

가. 다음 한자와 그림이 맞는 것 끼리 줄로 이으세요.

나. 다음 한자에 뜻(훈)과 소리(음)을 쓰세요.

> 본보기 : 一 (한 일)

1) 人　·　　·①
2) 心　·　　·②
3) 五　·　　·③
4) 十　·　　·④
5) 火　·　　·⑤
6) 田　·　　·⑥
7) 馬　·　　·⑦
8) 立　·　　·⑧
9) 白　·　　·⑨
10) 父　·　　·⑩

11) 土　(　　　　)
12) 八　(　　　　)
13) 羊　(　　　　)
14) 手　(　　　　)
15) 田　(　　　　)
16) 九　(　　　　)
17) 乙　(　　　　)
18) 足　(　　　　)
19) 山　(　　　　)
20) 十　(　　　　)
21) 毛　(　　　　)
22) 子　(　　　　)
23) 谷　(　　　　)
24) 大　(　　　　)
25) 行　(　　　　)

대한민국한자자격검정시험 **8급 예 상 문 제 5회**

다. 다음 한자어의 독음을 쓰시오.

본보기 : 一 二(일이)

26) 大馬 (　　　　)

27) 山水 (　　　　)

28) 土木 (　　　　)

29) 五日 (　　　　)

30) 一金 (　　　　)

31) 火田 (　　　　)

32) 小心 (　　　　)

33) 大小 (　　　　)

34) 魚貝 (　　　　)

35) 父母 (　　　　)

36) 耳目 (　　　　)

37) 山水 (　　　　)

38) 火山 (　　　　)

39) 行人 (　　　　)

40) 子女 (　　　　)

41) 母子 (　　　　)

42) 父子 (　　　　)

43) 山行 (　　　　)

44) 谷口 (　　　　)

45) 一心 (　　　　)

46) 犬馬 (　　　　)

47) 江山 (　　　　)

48) 羊毛 (　　　　)

49) 女大 (　　　　)

50) 八九 (　　　　)

대한민국 한자자격검정
8급 예상문제 모범답안

	1회				2회		
1	**3**	26	산천	1	**5**	26	산양
2	**2**	27	수족	2	**4**	27	부모
3	**1**	28	부모	3	**1**	28	육칠
4	**6**	29	일일	4	**2**	29	일월
5	**4**	30	소심	5	**3**	30	오목
6	**5**	31	우이	6	**8**	31	소심
7	**9**	32	어패	7	**9**	32	산전
8	**10**	33	부녀	8	**6**	33	우이
9	**8**	34	우마	9	**10**	34	양모
10	**7**	35	대인	10	**7**	35	일금
11	여섯 륙	36	대어	11	불 화	36	화전
12	탈 모	37	여자	12	두 이	37	죽마
13	손 수	38	화전	13	말 마	38	백미
14	쇠 금	39	일금	14	귀 이	39	구일
15	다섯 오	40	오목	15	달 월	40	수족
16	새 을	41	일심	16	한 일	41	산천
17	마음 심	42	산양	17	개 견	42	일심
18	나무 목	43	일월	18	입 구	43	부모
19	넉 사	44	토목	19	조개 패	44	대어
20	양 양	45	행인	20	설 립	45	행인
21	혀 설	46	인심	21	다닐 행	46	어패
22	물 수	47	자녀	22	고기 어	47	사오
23	석 삼	48	입목	23	날 일	48	강산
24	소 우	49	양모	24	사람 인	49	모녀
25	눈 목	50	소자	25	벼 화	50	행인

대한민국 한자자격검정
8급 예상문제 모범답안

3회				4회			
1	2	26	수족	1	2	26	토목
2	1	27	화구	2	4	27	여대
3	4	28	대인	3	5	28	소심
4	5	29	죽석	4	1	29	부모
5	6	30	부모	5	3	30	이목
6	3	31	입목	6	6	31	대어
7	9	32	강산	7	8	32	화산
8	7	33	어패	8	7	33	산전
9	10	34	모자	9	10	34	산행
10	8	35	행인	10	9	35	곡구
11	설 립	36	화금	11	벼 화	36	입마
12	조개 패	37	우마	12	아비 부	37	일심
13	귀 이	38	토목	13	골 곡	38	대입
14	물 수	39	부모	14	아홉 구	39	견마
15	다섯 오	40	자녀	15	대 죽	40	산수
16	개 견	41	입심	16	계집 녀	41	행인
17	눈 목	42	소자	17	메 산	42	삼일
18	나무 목	43	죽마	18	여덟 팔	43	화목
19	여섯 륙	44	여대	19	쌀 미	44	대소
20	말 마	45	백미	20	아들 자	45	석수
21	혀 설	46	양모	21	밭 전	46	산수
22	쇠 금	47	대어	22	일곱 칠	47	부자
23	일곱 칠	48	여인	23	흰 백	48	목석
24	소 우	49	육이오	24	발 족	49	사일구
25	마음 심	50	삼삼오오	25	흙 토	50	구우일모

대한민국 한자자격검정
8급 예상문제 모범답안

5회

1	5	26	대어
2	6	27	산수
3	1	28	토목
4	2	29	오일
5	3	30	일금
6	4	31	화전
7	9	32	소심
8	10	33	대소
9	8	34	어패
10	7	35	부모
11	흙 토	36	이목
12	여덟 팔	37	산수
13	양 양	38	화산
14	손 수	39	행인
15	밭 전	40	자녀
16	아홉 구	41	모자
17	새 을	42	부자
18	발 족	43	산행
19	뫼 산	44	곡구
20	열 십	45	일심
21	털 모	46	견마
22	아들 자	47	강산
23	골 곡	48	양모
24	큰 대	49	여대
25	다닐 행	50	팔구

8급 기출문제 1회

대한민국한자자격검정시험 성명(   ) 점수   점

가. 다음 한자와 맞는 것끼리 줄로 이으세요.

1) 手 .   .① 입구
2) 江 .   .② 손수
3) 口 .   .③ 강강
4) 三 .   .④ 석삼
5) 牛 .   .⑤ 나무목
6) 木 .   .⑥ 조개패
7) 貝 .   .⑦ 소우
8) 八 .   .⑧ 다닐행
9) 行 .   .⑨ 여덟팔
10) 羊.   .⑩ 양양

나. 다음한자에 뜻(훈)과 소리(음)을 쓰세요.

참고 : 마음심.설립.조개패. 뫼산.다섯오.개견. 눈목. 입구. 양양. 여덟팔. 혀설. 말마. 새을.일곱칠. 물수

11) 立 (   )
12) 貝 (   )
13) 心 (   )
14) 山 (   )
15) 五 (   )
16) 犬 (   )
17) 目 (   )
18) 口 (   )
19) 八 (   )
20) 羊 (   )
21) 舌 (   )
22) 水 (   )
23) 七 (   )
24) 乙 (   )
25) 馬 (   )

다. 다음 한자어의 독음을 쓰시오.

> 참고 : 소심.부녀.부모.산양.산천.화목.
> 행인.어패.일월.이목.육칠.부자.
> 사일구.목석.화전.인마.구우일모.오목.
> 산행.곡구.삼일.일심. 대인.견마.산수

26) 山羊 (　　　　　)

27) 女大 (　　　　　)

28) 小心 (　　　　　)

29) 父母 (　　　　　)

30) 耳目 (　　　　　)

31) 六七 (　　　　　)

32) 日月 (　　　　　)

33) 五目 (　　　　　)

34) 山行 (　　　　　)

35) 谷口 (　　　　　)

36) 人馬 (　　　　　)

37) 一心 (　　　　　)

38) 大人 (　　　　　)

39) 犬馬 (　　　　　)

40) 山水 (　　　　　)

41) 山川 (　　　　　)

42) 三日 (　　　　　)

43) 火木 (　　　　　)

44) 火田 (　　　　　)

45) 行人 (　　　　　)

46) 魚貝 (　　　　　)

47) 父子 (　　　　　)

48) 木石 (　　　　　)

49) 四一九(　　　　　)

50) 九牛一毛(　　　　　)

8급 기출문제 2회

대한민국한자자격검정시험 성명 (   ) 점수   점

가. 다음 한자와 그림이 맞는 것 끼리 줄로 이으세요.

1) 山 ·   ·① 석삼

2) 三 ·   ·② 뫼 산

3) 口 ·   ·③ 여덟팔

4) 江 ·   ·④ 입구

5) 牛 ·   ·⑤ 강강

6) 八 ·   ·⑥ 조개패

7) 羊 ·   ·⑦ 소우

8) 貝 ·   ·⑧ 손수

9) 行 ·   ·⑨ 양양

10) 手 ·   ·⑩ 다닐행

나. 다음 한자에 뜻(훈)과 소리(음)을 쓰세요.

보기 : 一 (한일)

11) 口 (   )

12) 乙 (   )

13) 心 (   )

14) 木 (   )

15) 四 (   )

16) 犬 (   )

17) 目 (   )

18) 立 (   )

19) 八 (   )

20) 羊 (   )

21) 舌 (   )

22) 水 (   )

23) 七 (   )

24) 貝 (   )

25) 馬 (   )

다. 다음 한자어의 독음을 쓰시오.

참고 : 一 二 (일이)

26) 日月 (　　　　　)

27) 女大 (　　　　　)

28) 小心 (　　　　　)

29) 父母 (　　　　　)

30) 耳目 (　　　　　)

31) 六七 (　　　　　)

32) 山羊 (　　　　　)

33) 五目 (　　　　　)

34) 山行 (　　　　　)

35) 谷口 (　　　　　)

36) 人馬 (　　　　　)

37) 山水 (　　　　　)

38) 大人 (　　　　　)

39) 犬馬 (　　　　　)

40) 一心 (　　　　　)

41) 一毛 (　　　　　)

42) 三日 (　　　　　)

43) 火木 (　　　　　)

44) 火田 (　　　　　)

45) 行人 (　　　　　)

46) 魚貝 (　　　　　)

47) 父子 (　　　　　)

48) 木石 (　　　　　)

49) 四一九(　　　　　)

50) 山川 (　　　　　)

8급 기출문제 3회

대한민국한자자격검정시험   성명 (   )   점수   점

가. 다음 한자의 훈음을 오른쪽에서 찾아 그 번호를 쓰시오.

1) 九 (   )   ①넉 사

2) 乙 (   )   ②아홉 구

3) 竹 (   )   ③달 월

4) 四 (   )   ④새 을

5) 月 (   )   ⑤대 죽

6) 舌 (   )   ⑥혀 설

7) 魚 (   )   ⑦어머니 모

8) 母 (   )   ⑧발 족

9) 禾 (   )   ⑨고기 어

10) 足 (   )   ⑩벼 화

나. 다음 한자에 뜻(훈)과 소리(음)을 쓰세요.

본보기 : 一 (한 일)

11) 禾 (   )

12) 立 (   )

13) 行 (   )

14) 魚 (   )

15) 竹 (   )

16) 女 (   )

17) 山 (   )

18) 犬 (   )

19) 口 (   )

20) 貝 (   )

21) 田 (   )

22) 七 (   )

23) 白 (   )

24) 足 (   )

25) 土 (   )

다. 다음 한자어의 독음을 쓰시오.

| 본보기 : 一 二 (일이) |

26) 二日 (   )

27) 小心 (   )

28) 大人 (   )

29) 竹石 (   )

30) 四五 (   )

31) 一金 (   )

32) 牛目 (   )

33) 魚貝 (   )

34) 父女 (   )

35) 行人 (   )

36) 火金 (   )

37) 牛馬 (   )

38) 大魚 (   )

39) 父母 (   )

40) 子女 (   )

41) 行人 (   )

42) 人心 (   )

43) 竹馬 (   )

44) 女大 (   )

45) 白米 (   )

46) 江山 (   )

47) 立木 (   )

48) 羊毛 (   )

49) 六二五(   )

50) 三三五五(   )

8급 기출문제 4회

대한민국한자자격검정시험   성명 (   )   점수   점

가. 다음 한자와 맞는 것끼리 줄로 이으세요.

1) 立 .   .① 새을
2) 乙 .   .② 설립
3) 口 .   .③ 입구
4) 四 .   .④ 달월
5) 月 .   .⑤ 넉사
6) 竹 .   .⑥ 고기어
7) 魚 .   .⑦ 대죽
8) 母 .   .⑧ 벼화
9) 禾 .   .⑨ 일곱칠
10) 七 .   .⑩ 어머니모

나. 다음 한자에 뜻(훈)과 소리(음)을 쓰세요.

본보기 : 一 (한일)

11) 九 (   )
12) 行 (   )
13) 禾 (   )
14) 竹 (   )
15) 魚 (   )
16) 女 (   )
17) 山 (   )
18) 貝 (   )
19) 犬 (   )
20) 口 (   )
21) 四 (   )
22) 田 (   )
23) 白 (   )
24) 土 (   )
25) 足 (   )

다. 다음 한자어의 독음을 쓰시오.

| 본보기 : 一 二 (일이) |

26) 竹石 (　　　　)

27) 父母 (　　　　)

28) 五目 (　　　　)

29) 大人 (　　　　)

30) 四五 (　　　　)

31) 魚貝 (　　　　)

32) 父女 (　　　　)

33) 一金 (　　　　)

34) 牛目 (　　　　)

35) 行人 (　　　　)

36) 大魚 (　　　　)

37) 火金 (　　　　)

38) 三月 (　　　　)

39) 牛馬 (　　　　)

40) 竹馬 (　　　　)

41) 子女 (　　　　)

42) 江山 (　　　　)

43) 女大 (　　　　)

44) 人心 (　　　　)

45) 立木 (　　　　)

46) 羊毛 (　　　　)

47) 九月 (　　　　)

48) 白米 (　　　　)

49) 八一五 (　　　　)

50) 五月五日 (　　　　)

8급 기출문제 5회

대한민국한자자격검정시험   성명 (   )   점수   점

가. 다음 한자와 맞는 것끼리 줄로 이으세요.

1) 手 .   .① 강강

2) 江 .   .② 손수

3) 口 .   .③ 입구

4) 三 .   .④ 조개패

5) 牛 .   .⑤ 나무목

6) 木 .   .⑥ 소우

7) 貝 .   .⑦ 석삼

8) 八 .   .⑧ 다닐행

9) 行 .   .⑨ 여덟팔

10) 羊 .   .⑩ 양양

나. 다음한자에 뜻(훈)과 소리(음)을 쓰세요.

참고 : 마음심.설립.조개패. 뫼산.다섯오.개견.
       눈목. 입구. 양양. 여덟팔. 혀설. 말마.
       새을.일곱칠. 물수

11) 心 (   )

12) 貝 (   )

13) 五 (   )

14) 山 (   )

15) 立 (   )

16) 犬 (   )

17) 羊 (   )

18) 口 (   )

19) 目 (   )

20) 八 (   )

21) 馬 (   )

22) 七 (   )

23) 水 (   )

24) 乙 (   )

25) 舌 (   )

다. 다음 한자어의 독음을 쓰시오.

> 참고 : 소심.부녀.부모.산양.산천.화목.
> 행인.어패.일월.이목.육칠.부자.
> 사일구.목석.화전.인마.구우일모.오목.
> 산행.곡구.삼일.일심. 대인.견마.산수

26) 小心 (   )

27) 女大 (   )

28) 山羊 (   )

29) 山行 (   )

30) 耳目 (   )

31) 日月 (   )

32) 六七 (   )

33) 五目 (   )

34) 人馬 (   )

35) 谷口 (   )

36) 一心 (   )

37) 父母 (   )

38) 大人 (   )

39) 犬馬 (   )

40) 三日 (   )

41) 山川 (   )

42) 火木 (   )

43) 山水 (   )

44) 火田 (   )

45) 木石 (   )

46) 魚貝 (   )

47) 行人 (   )

48) 父子 (   )

49) 八一五 (   )

50) 六月六日 (   )

8급 기출 문제 모범 답안

■ 제1회 (☞ 73~74쪽)

1)② 2)③ 3)① 4)④ 5)⑦ 6)⑤ 7)⑥ 8)⑨ 9)⑧ 10)⑩ 11)설립 12)조개패 13)마음심 14)뫼산 15)다섯오 16)개견 17)눈목 18)입구 19)여덟팔 20)양양 21)혀설 22)물수 23)일곱칠 24)새을 25)말마 26)산양 27)여대 28)소심 29)부모 30)이목 31)육칠 32)일월 33)오목 34)산행 35)곡구 36)인마 37)일심 38)대인 39)견마 40)산수 41)산천 42)삼일 43)화목 44)화전 45)행인 46)어패 47)부자 48)목석 49)사일구 50)구우일모

■ 제2회 (☞ 75~76쪽)

1)② 2)① 3)④ 4)⑤ 5)⑦ 6)③ 7)⑨ 8)⑥ 9)⑩ 10)⑧ 11)입구 12)새을 13)마음심 14)나무목 15)넉사 16)개견 17)눈목 18)설립 19)여덟팔 20)양양 21)혀설 22)물수 23)일곱칠 24)조개패 25)말마 26)일월 27)여대 28)소심 29)부모 30)이목 31)육칠 32)산양 33)오목 34)산행 35)곡구 36)인마 37)산수 38)대인 39)견마 40)일심 41)일모 42)삼일 43)화목 44)화전 45)행인 46)어패 47)부자 48)목석 49)사일구 50)산천

■ 제3회 (☞ 77~78쪽)

1)② 2)④ 3)⑤ 4)① 5)③ 6)⑥ 7)⑨ 8)⑦ 9)⑩ 10)⑧ 11)벼화 12)설립 13)다닐행 14)고기어 15)대죽 16)계집녀 17)뫼산 18)개견 19)입구 20)조개패 21)밭전 22)일곱칠 23)흰백 24)발족 25)흙토 26)이일 27)소심 28)대인 29)죽석 30)사오 31)일금 32)우목 33)어패 34)부녀 35)행인 36)화금 37)우마 38)대어 39)부모 40)자녀 41)행인 42)인심 43)죽마 44)여대 45)백미 46)강산 47)입목 48)양모 49)육이오 50)삼삼오오

■ 제4회 (☞ 79~80쪽)

1)② 2)① 3)③ 4)⑤ 5)④ 6)⑦ 7)⑥ 8)⑩ 9)⑧ 10)⑨ 11)아홉구 12)다닐행 13)벼화 14)대죽 15)고기어 16)계집녀 17)뫼산 18)조개패 19)개견 20)입구 21)넉사 22)밭전 23)흰백 24)흙토 25)발족 26)죽석 27)부모 28)오목 29)대인 30)사오 31)어패 32)부녀 33)일금 34)우목 35)행인 36)대어 37)화금 38)삼월 39)우마 40)죽마 41)자녀 42)강산 43)여대 44)인심 45)입목 46)양모 47)구월 48)백미 49)팔일오 50)오월오일

■ 제5회 (☞ 81~82쪽)

1)② 2)① 3)③ 4)⑦ 5)⑥ 6)⑤ 7)④ 8)⑨ 9)⑧ 10)⑩ 11)마음심 12)조개패 13)다섯오 14)뫼산 15)설립 16)개견 17)양양 18)입구 19)눈목 20)여덟팔 21)말마 22)일곱칠 23)물수 24)새을 25)혀설 26)소심 27)여대 28)산양 29)산행 30)이목 31)일월 32)육칠 33)오목 34)인마 35)곡구 36)일심 37)부모 38)대인 39)견마 40)삼일 41)산천 42)화목 43)산수 44)화전 45)목석 46)어패 47)행인 48)부자 49)팔일오 50)유월육일

青少年 에게

人인民민送송來래出출來래兮혜也야兮혜也야壽수榮영
　　　　　　　　　　　　　　　　　　　글을 열심히 배우고 익히면
　　　　　　　　　　　　　　　　　　　　　위대한 사람이 될 것이나

　　　　　　　　　　　　　　　　　　　배우지 않고 게으르면
　　　　　　　　　　　　　　　　　　　　　쓸모없는 천한 사람이 되는 것

貴귀賤천虛허再재金금福복親친敬경之지益익年년世세
　　　　　　　　　　　　　　　　　　　하루하루를 뜻없이 허송세월로 보내지
　　　　　　　　　　　　　　　　　　　말고 세월은 나를 기다려주지 않으니
　　　　　　　　　　　　　　　　　　　부지런히 공부해야 하고

　　　　　　　　　　　　　　　　　　　젊은 시절은 두 번 다시
　　　　　　　　　　　　　　　　　　　　　거듭 오지 않는 것이로다.

爲위作작莫막不부黃황萬만如여必필交교補보千천萬만
　　　　　　　　　　　　　　　　　　　입신출세 하면 돈과 재물이
　　　　　　　　　　　　　　　　　　　　　생겨나는 법이고

　　　　　　　　　　　　　　　　　　　집안이 화목 단란하면
　　　　　　　　　　　　　　　　　　　　　행복이 찾아온다네

書서學학月월春춘世세和화師사恭공友우所소母모孫손
　　　　　　　　　　　　　　　　　　　스승 섬기기를 어버이와 같이 하며

　　　　　　　　　　　　　　　　　　　반드시 공손하고 공경하여라

讀독不불歲세青청出출家가事사必필擇택有유父부子자
　　　　　　　　　　　　　　　　　　　벗을 사귀되 정직 성실하고
　　　　　　　　　　　　　　　　　　　　　학문과 지식을 갖춘 자 사귀고

　　　　　　　　　　　　　　　　　　　자신에게 도움이 되는
　　　　　　　　　　　　　　　　　　　　　유익함이 있는 것이다.

　　　　　　　　　　　　　　　　　　　부모님께서는 오래오래
　　　　　　　　　　　　　　　　　　　　　건강하게 살아계시길 기원하고

　　　　　　　　　　　　　　　　　　　자손들은 만세만대를 영화롭게
　　　　　　　　　　　　　　　　　　　　　번영하기를 소망하면서 …

◐ 도서출판 지능, 신기교육 (도서총판 보람도서) 유치원, 어린이집, 학원 전문 학습교재 ◐
한글/숫자/받아쓰기/영어/주산/암산/서예/한자/속셈/보습/웅변/글짓기/글쓰기/논술/속독
전화 02-856-4983 / 070-7750-7130 휴대폰 010-5250-7130 팩스 02-856-4984

◆ 주산 / 암산 / 수리셈 시리즈	◆ 한글 / 숫자 / 받아쓰기	◆ 한자 / 중국어
주산짱암산짱+기초(개정판)	병아리반의 가나다라 상, 중, 하, 총정리	급수검정한자교본 8급
주산짱암산짱+주산 10급~1급	병아리반의 하나둘셋 상, 중, 하, 총정리	급수검정한자교본 7급
주산짱암산짱+암산 10급~1급		급수검정한자교본 6급
주산짱암산짱+암산 단급	한글지도 I, II, III	급수검정한자교본 5급
뉴주산수리셈 1~10단계	똘이의 글마당 상, 중, 하	급수검정한자교본 4급
주산급수평가예상문제집 10급~1급	똘이의 셈마당 상, 중, 하	급수검정한자교본 4급2
주산급수평가예상문제집 단급 A, B단계	한글쓰기 1~3단계	급수검정한자교본 3급
	글셈합본 아름드리 하나~여섯	급수검정한자교본 3급2
주산짱암산짱+호산문제집	영재 국어 글동산 1~5단계	급수검정한자교본 2급
주산짱암산짱+학습장	영재 수학 셈동산 1~3단계	급수검정한자교본 1급
수리셈 주산입문 1, 2	내친구 한글아 상, 중 하	비테에 한자여행 1~6
수리셈 주산연습문제집 12급~1급, 단급	내친구 한글아 완성편	급수한자자격 기출예상문제집 8급
	한글깨우침 1~6단계	
수리셈 암산연습문제집 9급~1급, 단급	수셈깨우침 1~6단계	급수한자자격 기출예상문제집 7급
	참똑똑한 한글달인 1~6단계	급수한자자격 기출예상문제집 6급
검정시험통합 주산암산문제집 12급~1급	참똑똑한 수학달인 1~6단계	급수한자자격 기출예상문제집 5급
	비테에 한글 1~8단계	급수한자자격 기출예상문제집 준5급
주산수리셈 보충교재 1, 2	비테에 수학 1~8단계	
주산암산경기대회연습문제집 유치부, 1학년, 2학년, 고학년	비테에 종합커리큘럼 1~6단계	급수한자자격 기출예상문제집 5급
	원활동교실 1~6단계	급수한자자격 기출예상문제집 준4급
주산수리셈 기초 1단계, 2단계	꿈초롱별초롱 한글쓰기 초, 중, 고	급수한자자격 기출예상문제집 4급
주산수리셈 영문판 1~10단계	지혜모아 한글 1~5단계	급수한자자격 기출예상문제집 준3급
주산 실무지도서	해님이 우리글 1~6단계, 마무리	급수한자자격 기출예상문제집 3급
주산 실기연습문제집		
주산교육과 두뇌건강	달님이 수놀이 1~6단계, 마무리	급수한자자격 기출예상문제집 준2급
주판 13주(칼라), 23주	받아쓰기 짱 1~4단계	급수한자자격 기출예상문제집 2급
교사용주판 11종	한글 받아쓰기 짱 1~4	급수한자자격 기출예상문제집 준1급
◆ 연산 / 보수 / 속셈 문제	◆ 글쓰기 / 논술 / 속독	
(연산) 기초속셈문제	알짜 글쓰기 1~12단계	급수한자자격 기출예상문제집 1급
저학년(1~3학년), 고학년(4~6학년)	동화속의 논술여행 A~D 각 1~5	중국어 간체자 필기본
숫자(속셈)공부		◆ 동요 / 동시
숫자공부1(지능정복1단계)	동화속의 논술여행 A~D세트 (각 세트 5권)	이주일의 동시 1~6학년
숫자공부2(지능정복2단계)	글쓰기왕국 기초, 초급, 중급, 고급 각 1~9	우리 옛시조 감상
지능속셈정복3~12단계		해맑은 아이들의 동시
하나둘셋 (속셈문제 1단계)	브레인 두뇌속독	
속셈문제연습 2~13단계	정속독 실기1, 2, 응용 1,2,3	
지능 시계공부	독서뱅크3	

단계별 학습 교재 세트는 낱권도 판매 가능
유치원, 학교, 학원, 방과후, 공부방 등 단체 공동구매 및 다량 주문시 특별할인판매
표지 및 정가는 홈페이지 쇼핑몰에서 확인하실 수 있습니다.
BORAMBOOK.CO.KR / boram@borambook.co.kr

지능, 신기교육 주산문제
숫자와주판의 만남 상(11급수준)
숫자와주판의 만남 하(10급수준)
숫자와주판의 만남 숙달1단계(7급)
숫자와주판의 만남 숙달2단계(6급)
기초주산교본 상(9급)
기초주산교본 하(9급)
정통주산문제연습장 7급(8절)
정통주산문제연습장 6급(8절)
정통주산문제연습장 5급(8절)
정통주산문제연습장 4급(8절)

◆ 영어 첫걸음 / 회화 / 영문법
영어회화 1~2
어린이영어
첫걸음, 1, 2, 3단계
패스 기초 영문법
영어를 한글같이
발음첫걸음 1~2
별님이 영어 1, 2, 3단계

상상大로
수학에 퐁당 1~5
한글에 퐁당 1~5
한글 쓰기에 퐁당 1~5

상상大로 월간학습프로그램
월간 한글 배움배움
4세, 5세, 6세, 7세 (3월~2월)
매월 8개씩 카드 포함
월간 수학 배움배움
4세, 5세, 6세, 7세 (3월~2월)
매월 8개씩 카드 포함

상상大로 나만의 동화책 만들기
(생일) 오늘은 내가 주인공
(생일) 오늘이 내 생일이야
(생일) 오늘도 사랑받고 있는 나
(종업) 안녕? 내 친구
(종업) 즐거운 원생활
(종업) 행복한 친구들
※ 아이들의 사진과 글이 담긴 특별한 동화책입니다.

푸른잔디 연간 프로그램
러닝 투게더 병아리반
(언어인지 10권/수리탐구 10권)
러닝 투게더 영아반
(언어인지 10권/수리탐구 10권)
러닝 투게더 유아반
(언어인지 10권/수리탐구 10권)
러닝 투게더 유치반
(언어인지 10권/수리탐구 10권)
베이스 캠프 기초반
놀이캠프 4권/미술캠프 2권/
퍼즐(대-4종/소-4종)/
그림카드 38장
베이스 캠프 병아리반
의사소통 10권/수리탐구 10권/
예술경험 2권/과학탐구 2권/
그림카드 48장
베이스 캠프 영아반
의사소통 12권/수리탐구 12권/
예술경험 2권/과학탐구 2권/
그림카드 64장
베이스 캠프 유아반
의사소통 10권/수리탐구 10권/
예술경험 2권/8급 한자 2권
베이스 캠프 유치반
의사소통 12권/수리탐구 12권/
예술경험 2권/8급한자 2권

푸른잔디 단계별 프로그램
스토리텔링 학습으로 배우는
한글캠프 1~7권, 1학년
스토리텔링 학습으로 배우는
수학캠프 1~7권, 1학년
푸른한글 1~7단계
푸른수학 1~7단계
봉봉 드로잉북 1~6권

푸른잔디 미술
러닝 투게더 미술 초급 4권
러닝 투게더 미술 중급 4권
러닝 투게더 미술 고급 4권

푸른잔디 가베
러닝 투게더
프뢰벨의 가베 A단계 10권
러닝 투게더
프뢰벨의 가베 B단계 10권
러닝 투게더
프뢰벨의 가베 C단계 10권
러닝 투게더
프뢰벨의 가베 D단계 10권

푸른잔디 월간 프로그램
아이러브 시리즈 A단계
한글 20권, 수학 20권
아이러브 시리즈 B단계
한글 20권, 수학 20권
아이러브 시리즈 C단계
한글 20권, 수학 20권
아이러브 시리즈 D단계
한글 20권, 수학 20권

기타 / 단행본
피카소는 내친구 1~5단계
창의 또래마당 1~4
미술은 내친구 1~6단계
미술이 좋아요 1,2,3
미술이 신나요 1,2,3
손유희로 꾸며본 성경이야기
손유희 성경이야기 Tape
손유희 창작구연동화
손유희 창작구연동화 Tape
말거리 365 웅변원고
천재여 일어나라
컴퓨터 한자사전 (CD포함)
미용학 사전
헤어 어드벤처
세계를 품은 아이

사전 (졸업선물)
초등학교 새국어사전(양장본)
초등학교 새국어사전(칼라판)
초등학교 새영어사전

도감 (졸업선물)
숲체험현장(동,식물,곤충도감)
아! 꽃이다
아! 공룡이다
화훼 학습자료
어린이 동물도감
어린이 동식물도감
- 기타 단행본 안내 -
반딧불이, 한결미디어 등
각종출판사 약 1,000종